LA

...TION JURIDIQUE

DU TERRITOIRE COMMUNAL

PAR

...UGO FORTI

Professeur de droit administratif à l'Institut des sciences sociales
de Florence.

(Extrait du *Recueil de Législation*, tome III, 1907.)

TOULOUSE

IMPRIMERIE ET LIBRAIRIE ÉDOUARD PRIVAT

Librairie de l'Université

14, RUE DES ARTS, 14 (SQUARE DU MUSÉE)
—

1908

LA

FONCTION JURIDIQUE

DU TERRITOIRE COMMUNAL

PAR

UGO FORTI

Professeur de droit administratif à l'Institut des sciences sociales
de Florence.

(Extrait du *Recueil de Législation*, tome III, 1907.)

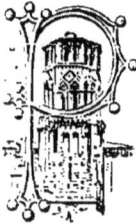

TOULOUSE

IMPRIMERIE ET LIBRAIRIE ÉDOUARD PRIVAT

Librairie de l'Université

14, RUE DES ARTS, 14 (SQUARE DU MUSÉE)

1908

LA

FONCTION JURIDIQUE DU TERRITOIRE COMMUNAL

————————

Sommaire : 1. Position de la question. — 2. Les personnes juridiques territoriales secondaires. — 3.-5. Leur position juridique vis-à-vis du territoire. — 6. Nécessité du territoire pour ces personnes. — 7. L'exercice extra-territorial des fonctions communales.

1. — Les passages assez rares que les auteurs consacrent à la fonction juridique du territoire communal sont encore très souvent imprécis et en désaccord. Pour tenter de les coordonner et de dessiner les contours théoriques de ce rapport qui est parmi les plus délicats que puisse présenter le domaine du droit, il n'est peut-être pas hors de propos de nous reporter aux résultats auxquels on est arrivé après de plus amples travaux précisément sur cette question, mais posée dans un domaine pour ainsi dire parallèle : la question de la fonction juridique du territoire de l'Etat.

On ne doit pas prendre dans son sens littéral l'expression usuelle suivant laquelle le territoire est un *élément* de l'Etat, ni la pousser jusqu'à ses dernières conséquences qui seraient de ramener ce rapport à celui qui existe entre la partie et le tout. En effet, l'Etat, suivant la théorie courante, est un *concept* juridique formé seulement de

deux éléments immatériels : intérêt et volonté ; et le lien —
qui n'est d'ailleurs pas niable — entre ces deux éléments
idéaux immatériels et le territoire n'est pas assez étroit
pour que l'Etat, personne morale, doive être considéré
— en tant que concept — comme inconcevable séparé du
territoire, de même que dans l'individu sujet de droit,
l'élément somatique est inséparable de l'élément psy-
chique.

La vérité est que le nœud indissoluble qui lie l'Etat et le
territoire, de telle sorte que l'un ne peut subsister sans
l'autre, peut et doit signifier ceci seulement, que le territoire est une *condition* nécessaire de l'Etat. Il me semble
que c'est ainsi que l'on peut indiquer synthétiquement —
au moyen d'une terminologie rien moins que neuve,
même dans le champ de la science juridique — la position
réciproque de ces deux concepts.

Au territoire de l'Etat ainsi conçu, on doit attribuer
une fonction juridique double. En premier lieu, il constitue — et sur ce point tous les auteurs sont d'accord — *la limite* de la souveraineté de l'Etat ; souveraineté qui est, de sa nature, territoriale et que l'on ne
peut concevoir qu'exercée sur un territoire donné et par
conséquent limitée par lui. Si bien que dans l'expression
ordinaire : c'est à l'Etat qu'appartient la « souveraineté
territoriale », il y a, sans aucun doute, un adjectif de
trop.

Mais ce n'est pas tout : le territoire apparaît encore
comme *objet* d'un droit, dont le sujet est l'Etat. Il est
certes facile de se représenter l'existence de ce rapport,
mais il n'est pas aussi aisé d'en tracer la *configuration*
juridique si l'on veut considérer le territoire comme élément de l'Etat. En ce sens, la seule *construction* satisfai-
sante est celle qu'a tracée avec une logique rigoureuse

notre Romano[1], qui classe ce rapport dans les droits sur
son propre corps. En effet, cette catégorie est la seule
qui permette d'opposer comme objet la partie au tout.
Mais cette difficulté disparaît si, comme il me semble
qu'on doive le faire, on considère le territoire comme *condition nécessaire* de l'État ; en ce cas, on peut très bien
concevoir un droit réel sur une chose dont l'idée est sépa-
rable de celle du sujet : le territoire est ici considéré
comme une *universitas* et seulement ainsi ; et sur cette
« universitas » l'État possède un droit *complètement différent* de celui que pourraient avoir sur *une partie* de
celle-ci l'État lui-même (droit sur le domaine) ou les
particuliers (propriété foncière[2]). Il faut remarquer que

1. *Osservazioni sulla natura giuridica del territorio*, dans l'*Archivio del diritto publico*, etc..., I, 1902, pp. 114 et suiv.
2. J'ai cherché à démontrer les principes sur lesquels je m'appuie au
texte, dans mon article : *Il diritto dello Stato sul territorio*, dans
l'*Archivio* cité pp. 360 et suiv. Voir aussi Presutti, *Istituzioni di
diritto, amministrativo*, Napoli, 1904, p. 29, qui admet une solution
différente pour chacun des rapports variés où il peut être question du
territoire, cela en conformité avec les principes admis par lui au sujet
de la nature juridique de l'État. En outre, Bigliati, *Diritto internazionale e diritto costituzionali*, I, Torino, 1904, pp. 72-101 ; Cavaglieri,
*Il diritto internazionale e il rapporto giuridico tra Stato e territo-
rio*, dans l'*Archivio giuridico*, LXXIII, pp. 77 et suiv (Et enfin l'article de Diena, *Sulla natura del diritto dello Stato sul proprio territorio*, paru dans la *Rivista di diritto internazionale*, 1907, 4-5, lorsque
cet article était déjà sous presse ; l'éminent professeur affirme, lui aussi,
l'existence d'un véritable droit réel de l'État sur son territoire.) Bigliati
fait un résumé critique très complet de la question, mais ne se prononce
pas de façon définitive ; il fait cette observation très juste : « Pour qui
voudrait reconnaître la nature d'objet au territoire de l'État, le problème,
nous semble-t-il, devrait être celui-ci : En quoi le droit de l'État sur son
territoire comme objet de pouvoir de souveraineté nationale se distingue-
t-il du droit qu'il a sur les biens de son domaine ? » (*op. cit.*, p. 100,
note 1, *in fine*) ; et, sans doute, il est nécessaire de résoudre cette question (ce que j'ai cherché à faire dans l'ouvrage que je viens de citer) si
l'on veut que la qualité de droit réel, attribuée au pouvoir qu'a l'État
sur son propre territoire, acquière une signification et une valeur *propre*

l'on ne peut pratiquement concevoir ce droit réel de l'Etat
sur son propre territoire que dans les rapports avec

et ne puisse plus être regardé comme une analogie vide et superfi-
cielle.

Cavaglieri, au contraire, dans la savante monographie consacrée à
l'étude de cette controverse, se range résolument parmi ceux qui dénient
le caractère de droit réel au droit sur le territoire ; conclusion qui, d'ailleurs, est rigoureusement logique, puisque l'éminent auteur revient à
l'idée que le territoire est un *élément*, et non, ce qui est notre opinion,
une simple *condition nécessaire* de l'État. Mais les raisons qu'il emploie
pour soutenir l'opinion qu'il avance ne me paraissent pas convaincantes.
« Les auteurs, dit-il, qui, comme Bornhak, Zorn, Heilborn, et, chez
nous, Forti, soutiennent l'existence d'un véritable droit réel de l'État
sur son territoire, se trouvent naturellement aux prises avec l'insoluble
contradiction qui existe entre la conception du territoire comme objet
de propriété de la part de l'État et le principe démontré par Fricker,
que le territoire est un élément essentiel de l'État lui-même. Pour
échapper à cette contradiction, ils se trouvent obligés, comme Forti, de
nier, avec des arguments plutôt habiles et subtils que convaincants, que
le territoire soit un élément essentiel de l'État, et soutiennent que le territoire n'entre pas dans le concept d'État, mais est seulement le milieu
dans lequel naît l'État, de même que l'air est le milieu indispensable à
un végétal et l'eau à un poisson.

Mais lorsqu'on réfléchit que l'idée de territoire est si intimement liée à
celle d'État, que celui-ci n'existe ni ne peut se concevoir sans celui-là,
on sent bien qu'il y a entre les deux idées une mutuelle pénétration tel-
lement intime que le territoire ne peut être considéré seulement comme
une condition première de l'État, mais bien comme une de ses parties
intégrantes. » (*Op. cit.*, pp. 91-92.)

Pour moi, je prétends ne pas voir de contradiction entre la conception
d'un droit réel sur le territoire et la manière dont Fricker et ses parti-
sans envisagent le territoire lui-même, pour la raison que cette manière
de voir ne me semble pas exacte et que je crois devoir absolument la
repousser. Je ne suis pas convaincu non plus par l'argumentation
expresse ci-dessus de l'éminent professeur Cavaglieri ; car pour moi il
s'y trouve cette erreur de ne pas considérer, comme on le devrait, l'État
comme une entité du monde juridique, éliminant (en supposant qu'il en
existe) toute autre manière de l'envisager d'un point de vue différent. Il
est certain que, considéré sous l'angle visuel du juriste, l'État ne peut
apparaître (au moins suivant la conception dominante) que comme une
personne juridique ; et, s'il est vrai que cette entité propre au monde du
droit, que nous appelons personne juridique, procède d'une volonté et

les autres États, et c'est de cet argument que se prévaut
Rosin pour soutenir que ce droit ne relève en rien du droit

d'un intérêt, il est clair que parmi ses *éléments* constitutifs il n'y a point
place pour le territoire.

On dit que sans le territoire l'État ne peut exister. D'accord ; mais
l'affirmation de ce principe sans cesse répétée, de façon de plus en plus
insinuante, ce que font les auteurs de cette école, n'arrive-t-elle pas à
modifier le concept de personne juridique et la signification précise (non
le sens courant et un peu général) du mot « élément »?

Ce mot a été introduit dans la terminologie scientifique comme en
contrebande pour la commodité du langage *didactique,* portant caché
en lui un sens trop précis et trop loin de la vérité. Maintenant, de ce
nouveau cheval de Troie — que nous avons un peu tous commis la faute
d'introduire dans nos murs — surgit l'embûche : le sens étymologique
du mot.

Un examen attentif des concepts juridiques s'oppose, à mon avis, à
ce qu'on accepte ce sens. J'en ai déjà exposé les raisons (assez simples
pour ne pas mériter la courtoise épithète de subtiles) dans l'article dont
j'ai parlé; et, pour ne pas me répéter, j'y renvoie le bienveillant
lecteur.

Mais, je dois dire que je ne saurais admettre non seulement la conclusion, mais aussi les raisons d'ordre méthodique auxquelles s'arrête mon
éminent contradicteur. Il pense que l'on ne peut, sans commettre d'erreur, appliquer à ces rapports de droit public, de droit international, les
figures juridiques du droit privé. Il me semble que ce principe — qu'ad-
mettent, outre Cavaglieri, beaucoup d'excellents auteurs — traduit surtout la préoccupation de réagir contre les derniers vestiges de la conception patrimoniale de l'État aujourd'hui complètement abandonnée; mais
je crois que cette réaction, comme il arrive souvent, dépasse quelque peu
son but. En effet, elle conduit à affirmer, et c'est ce qui ne me paraît
pas exact, que certaines notions juridiques, comme, par exemple, le con-
trat ou la propriété, sont particulières au droit privé, alors qu'en réalité
elles le paraissent par la raison qu'elles ont reçu un large développe-
ment dans ce domaine privé; mais si on les ramène à leurs éléments
essentiels, elles représentent schématiquement certaines attitudes que
prennent aux yeux des juristes les rapports et les sujets de droit; en
d'autres termes, elles sont, comme d'autres plus autorisés l'ont déjà dit,
des formes générales du droit, et il n'y a certes pas de motifs d'en écarter, *à priori* (c'est-à-dire pour des raisons de pure méthode), l'application à tel ou tel domaine. (Cf., sur cette question, mes *Contributi alla
teoria della responsabilità della pubblica amministrazione,* dans *Studi
e questioni di dir. amm.,* Turin, 1906, p. 191, note 15.)

Quant à l'*universalité* de ces *figures,* c'est-à-dire pour ce qui est des

public *interne*, mais est propre seulement au droit international[1].

Nous n'avons pas à insister ici sur cette question très
délicate, qui comporterait peut-être diverses solutions et
qui, de toutes façons et plus que toute autre, est une question de mots ; car ces distinctions du domaine des rapports
juridiques, qu'on a l'habitude de faire, ne s'inspirent souvent que de raisons d'opportunité didactique et de toutes
façons n'ont jamais de valeur théorique absolue[2].

2. — Les auteurs s'accordent à reconnaître qu'à côté de
l'Etat, et dans l'orbite de l'Etat lui-même, existe encore une
catégorie de personnes juridiques qui ont comme lui le
caractère territorial, c'est-à-dire un lien nécessaire avec un
certain territoire ; territoire qui est toujours une partie de
celui de l'Etat. Mais à chaque subdivision du territoire
national ne correspond pas toujours l'existence d'autant
d'entités territoriales douées de personnalité juridique ;

---

attitudes que prennent les rapports humains envisagés au point de vue
juridique, il s'en rencontre à chaque pas des exemples. Ainsi le même
Cavaglieri, tout en voulant démontrer, par une ample revision qu'il en
fait, comment tous les rapports que fait naître le territoire peuvent très
bien s'expliquer sans avoir recours à la conception de droit réel du droit
privé, lorsqu'il en arrive à la notion généralement appelée la détention
d'un territoire à titre précaire, observe que « la chose s'explique parfai-
tement sans recourir au droit réel. Dans la partie du territoire occupé...
l'autorité légitime est remplacée par une autre autorité ; ... à sa place
s'exerce un autre pouvoir qui, ou bien annule totalement le premier, ou
bien *joue vis-à-vis de lui un rôle semblable à celui du* negotiorum
gestor *en droit privé* ». (*Op. cit.*, p. 117.) Peut-être la comparaison,
bien qu'appuyée de l'autorité de Jellinek et Liszt, est moins heureuse
que celle que l'on fait avec les droits réels ; mais établie par un auteur
opposé à ces constructions d'analogie, elle ne manque pas de signification : *Naturam expellas furca, tamen usque recurret.*

1. *Das Recht der œffentlichen Genossenschaften*, Fribourg, 1886,
p. 46 et note 26.

2. Cf. à ce propos les si justes observations de Preuss, *Gemeinde,
Staat, Reich als Gebietskörperschaften*, Berlin, 1889, pp. 274-276.

pour que cela se produise, il est nécessaire que viennent
s'ajouter les conditions requises de l'autonomie. Alors
seulement on obtiendra ce type de personnes juridiques
à bases territoriales qui seront justement appelées dans la
doctrine personnes *territoriales ;* dans les autres cas, le
fractionnement du territoire n'aura d'autre effet que de
constituer, par le moyen d'une *décentralisation bureau-
cratique,* des organes *locaux* de l'administration *directe*
de l'Etat[1], ou des organes autonomes, vis-à-vis desquels
le rôle que joue le territoire est très atténué, dans le sens
que nous indiquerons plus loin.

L'idée, déjà brièvement esquissée, que cette catégorie
ainsi délimitée de personnes morales a en commun avec
l'Etat le caractère territorial et ce que nous avons dit du
lien qui unit l'Etat et son territoire indiquent déjà que,
pour éviter toute confusion et pour maintenir toute sa
valeur à la classification adoptée, on ne peut étendre la
catégorie des personnes territoriales autonomes au delà des
cas où le lien entre la personne morale et le territoire se
présente avec les mêmes caractères qu'il possède par rapport à l'Etat. De sorte que l'on ne peut accepter l'idée de
Gierke qui réunit dans une seule catégorie, comme ayant
toutes un *sachliches Substrat,* des collectivités à caractère nettement territorial, dans le sens indiqué plus haut,
comme l'Etat et la commune, et des collectivités de toute
autre sorte, pourvu que constituées sur la base d'une circonscription territoriale[2]. Et bien moins acceptable encore

1. Voir sur tout ceci, Preuss, *loc. cit.,* pp. 366 et suiv.; Romano, au
mot *Decentramento,* dans l'*Enciclopedia giuridica,* spécialement
chap. v ; Ruffini, *La classificazione delle persone giuridiche,* etc.,
Torino, 1899, pp. 69-71 ; Raggi, *Esame critico delle varie teorie sopra
la nozione d'autarchia,* extrait de la *Rivista italiana per le scienze
giuridiche,* vol. XXXIII, p. 89, n. 29.

2. Gierke, *Die Genossenschaftstheörie und die deutsche Rechtspre-*

est l'affirmation de Regelsberger qui, non seulement classe ensemble comme ayant une *sachliche Grundlage* les groupements connexes à un territoire et les groupements connexes à un patrimoine (par exemple, les sociétés par actions), mais trouve encore qu'il n'y a pas de motif suffisant pour constituer une catégorie à part de personnes morales avec cet ordre de collectivités, déjà par lui-même bien hétérogène [1].

L'erreur de Gierke (et *a fortiori* les mêmes observations peuvent s'appliquer aussi à Regelsberger) a été relevée par Rosin [2], et plus clairement encore par Preuss [3], qui, lui, rectifie en de lumineuses observations la terminologie en usage dans la doctrine allemande. Mais n'insistons pas là-dessus. — Ce qu'il importe de retenir ici — et non seulement on peut, mais on doit le faire, puisque c'est de toute évidence — c'est une division entre les personnes morales ayant, outre l'élément personnel, une base *réelle*, mettant d'une part celles où cette base est seulement patrimoniale (exemple : sociétés par actions) et de l'autre celles chez qui cette base est représentée par le substratum territorial ; mais on peut, et on doit aller encore plus loin.

En effet, si, comme nous l'avons dit, la division indiquée ci-dessus est de la plus claire évidence, puisque chez les personnes morales constituées sur des bases territoriales le territoire ne joue pas le rôle simple et général de *chose* comme le fait le patrimoine vis-à-vis d'autres types des personnes, il est vrai aussi que le rôle du territoire n'est pas toujours le même, mais change pour le moins

---

chung, Berlin, 1889, *passim;* caractéristique est l'application de cette idée, indiquée p. 815 et note 2.

1. *Pandekten,* Leipzig, 1893, § 77, nᵒ vii, p. 306.
2. *Loc. cit.,* pp. 43-44.
3. *Loc. cit.,* pp. 241 et suiv.

d'intensité, pour ainsi dire, suivant les personnes morales
que l'on envisage. Pour nous en tenir au droit positif italien, il nous apparaît clairement que le rôle que joue le territoire dans la constitution de la province et de la commune
est plus étendu que dans celle d'autres personnes publiques
dont l'activité est cependant limitée à une zone territoriale,
comme sont, par exemple, les chambres de commerce, les
chambres professionnelles (avocats, notaires, etc.), les
œuvres charitables, etc... Mais en quoi consiste la différence entre ces deux catégories ? Elle est, à dire vrai,
assez subtile, et il est plus facile de l'imaginer d'intuition
que de l'énoncer en une formule concrète. La meilleure
formule est sans aucun doute celle qu'a proposée O. Mayer,
pour qui, dans le premier cas (en Italie donc : province et
commune), le fait d'appartenir au territoire entraîne *directement* [1] la participation au groupement territorial cor-
respondant, alors que, dans le second cas, le fait d'appartenir au territoire fait naître le droit ou le devoir d'appartenir à une association ; le territoire a donc seulement
un rôle *indirect* en tant que fournissant le moyen de
déterminer, suivant le cas, le droit ou le devoir d'appartenir à l'association [2]. En d'autres termes, on peut appartenir au territoire sans faire partie d'aucune des associa-
tions du second type, alors que, au contraire, le fait d'appartenir au territoire de la commune ou de la province (ce qui est déterminé par des critériums fournis par
le droit positif) confère de lui seul la qualité de membre de
ces corps territoriaux. C'est en ce sens qu'il faut compren-

---

1. Et, cela va sans dire, *nécessairement*. Cf. Ferraris, *La teoria del
dicentramento amministrativo*, 2e éd., Milan-Palerme, 1899, p. 72.

2. O. Mayer, *Deutsches Verwaltungsrecht*, t. II, Leipzig, 1896, p. 385,
note 13.

dre le caractère *obligatoire* de ces personnes morales, mis
en lumière par Ferraris [1].

Ainsi donc la catégorie des personnes autonomes territoriales (qui en Italie sont la province et la commune) se
distingue de celle des autres personnes publiques chez qui
la base territoriale a un rôle plus simple et est moins intimement liée à la structure de la personne morale. Ces dernières ont reçu dans notre doctrine le nom de « personnes
morales autonomes *institutionnelles* [2] ». D'autre part,
comme il est évident que les personnes territoriales autonomes, bien qu'ayant en commun avec l'Etat le caractère
indiqué plus haut, ne s'identifient pas avec lui, il faut bien
qu'il existe entre elles et lui quelque caractère différentiel.
L'analyse de ce point serait ici superflue ; qu'il nous suffise
de remarquer que, parmi les différents critériums proposés,
celui qui est de beaucoup préférable, comme plus compré-
hensif et plus purement juridique, l'a été par Jellinek, qui
oppose la nature *originaire* de la souveraineté nationale [3]
à la nature *dérivée* des pouvoirs attribués aux organisa-
tions territoriales [4].

3. — Comme on le voit, la base territoriale est précisément, pour parler comme Preuss, le *principium individua-
tionis* de la commune et de la province comme de l'Etat.
Donc, la meilleure façon de résoudre le problème proposé
est de se demander si et jusqu'à quel point est applicable à
la commune ce qui a été dit sur la position juridique de
l'Etat vis-à-vis de son territoire. Les conclusions auxquelles
nous aboutirons pourront s'étendre à la province.

1. *Op.* et *loc. cit.* Cf. aussi Ruffini, *op.* et *loc. cit.*, et Raggi, *op.
cit.*, pp. 86-87.
2. Voyez Romano, *Decentramento, loc. cit.*, chap. vi.
3. *Allgemeine Staatsleere*, Berlin, 1900, pp. 446-447.
4. *Op. cit.*, pp. 590 et suiv.

Et d'abord, ici encore nous devons remarquer que l'expression usuelle considérant le territoire comme *élément* de la commune [1] ne peut être admise qu'à condition de ne pas donner à ce mot un sens trop étroit, c'est-à-dire de ne pas concevoir la commune comme le *tout* et le territoire comme une *partie*. Et cela, de même que pour l'Etat, parce que la commune est un *concept* composé uniquement d'éléments immatériels. D'autre part, comme la base territoriale est caractéristique de la commune, de même qu'elle l'est de l'Etat, on peut énoncer ce rapport en disant que le territoire est une *condition nécessaire* de la commune.

Et l'analogie ne s'arrête pas là : le territoire, on l'a vu, a vis-à-vis de l'Etat une double fonction. Que dire à l'égard de la commune ? On ne peut douter qu'il n'exerce aussi là une fonction de *limite* [2] ; cette fonction est impliquée par le principe qui, du fait d'appartenir au territoire, forme le lien qui unit les personnes à l'association communale. On peut dire d'ailleurs que c'est le même principe envisagé d'un point de vue négatif : les bornes du territoire assigné à la commune limitent même matériellement son activité ; au delà de ces bornes les raisons d'être de l'association communale, le pouvoir de la commune perd ses fondements et s'efface. Tout cela n'a pas besoin d'être plus longuement développé.

Mais le territoire joue vis-à-vis de l'Etat encore un autre rôle auquel nous avons déjà fait allusion. Le territoire, considéré comme *universitas*, est encore objet d'un droit réel qui appartient à l'Etat. Pourra-t-on en dire autant du territoire communal ? Il ne manque pas d'auteurs, comme nous

1. Dans ce sens, encore, Romano, *Principi di dir. amm.*, Milano, 1901, n° 123.
2. Voir pour tout Romano, mot *Commune*, n° 96, dans le *Digesto italiano*.

le verrons, qui l'affirment tout simplement ; mais la chose
est assez douteuse.

Non qu'il existe aucune impossibilité théorique, opposa-
ble *a priori*, d'après laquelle on ne puisse concevoir un
rapport où figure comme sujet la commune et le territoire
comme objet : théoriquement même, cela peut très bien se
concevoir, en employant ici les mêmes raisons pour lesquelles le territoire peut être conçu comme séparé de l'État
et opposé à celui-ci.

Mais, comme il est facile de le comprendre, tout ceci ne
suffit pas; il faut aussi que ce rapport, qui se conçoit théoriquement, manifeste son existence effective par quelque
attitude pratique; il faut que le droit positif nous offre un
exemple, fût-ce un seul, dans lequel se révèle en quelque
manière ce droit de la commune *sur* son propre territoire
considéré comme *universitas*. Mais la recherche de pareils
exemples, d'un seul exemple, serait stérile.

4. — Déjà Preuss, dans son remarquable livre, dont on
peut certes repousser quelqu'une des conclusions, mais non
méconnaître la finesse et la haute portée, Preuss, analysant
la nature des personnes juridiques territoriales sous l'as-
pect spécial du lien très étroit qui les unit à leur propre
territoire, avait relevé entre l'État et la commune cette différence essentielle : alors que l'État a le pouvoir de se modifier lui-même en changeant son propre territoire, et
même, par suite, de se détruire par la perte totale de ce territoire, la commune, elle, au contraire, n'a pas cette faculté [1]. Ce principe est, il est vrai, en contradiction avec
certaines législations positives, qui, comme celle d'Autri-
che, sembleraient à première vue y être opposées [2]; mais il

---

1. Preuss, *op. cit.*, pp. 398-406.
2. C'est ce qu'a démontré Brondi, *L'atto complesso*, etc. (extrait du

est nécessaire de rappeler que Preuss nie de façon absolue qu'il soit logiquement possible de concevoir le territoire comme objet de droits qui appartiendraient à la personne territoriale comme sujet[1]. De sorte que si, comme il me paraît plus juste, l'on considère, au contraire, cette opposition comme possible et même normale, le principe que Preuss soutient peut, pour nous, se traduire ainsi : l'État a un droit réel sur son propre territoire, alors qu'au contraire ce droit manque à la commune.

Et, ce qui a plus d'importance, la vérité de ce principe est confirmée par notre organisation positive qui n'accorde pas aux communes la faculté vraie et propre de disposer de leur territoire. En effet, mettant de côté ce qu'on a appelé les *unions forcées* (art. 114, loi sur les communes et provinces), sur lesquelles il n'y a pas lieu de s'arrêter, nous voyons que les *unions* et *divisions volontaires* (art. 113 et 115, loi citée) ne diffèrent des premières qu'en ce qu'elles ont comme condition nécessaire la demande des conseils, des corps électoraux intéressés ; mais, en réalité, le titre constitutif de l'union ou de la division, titre duquel dérivent tous les effets juridiques, la modification même du territoire y comprise, est toujours le décret royal[2]. De sorte que reste écartée pour les communes la faculté juridique de *disposer* de leur propre territoire.

Et une fois éliminé ce cas, qui est pour ainsi dire le plus typique dans lequel le territoire pourrait se présenter comme objet d'un droit de la part de la commune, il me semble qu'il ne s'en peut trouver aucun autre qui révèle,

volume en l'honneur de Schupfer, IIIe partie), Turin, 1898, p. 45, note 1.

1. Preuss, *op. cit.*, pp. 393 et suiv.

2. Voir Brondi, *Teoria delle unioni e divisioni comunali*, dans *Rivista italiana per le scienze giuridiche*, XXIX, pp. 60 et suiv.

même de façon moins directe, l'existence d'un tel rapport. On pourrait bien, au premier abord, tirer une conclusion contraire de l'examen des *servitudes d'usage public* que certains auteurs (Mancini, Laurent) et bon nombre d'arrêts ont considérées comme prédiales. Dans ce cas, le fonds dominant serait justement le territoire de la commune, qui, ainsi considéré, interviendrait ici comme *universitas* sujet d'un rapport complètement différent de celui que nous trouvons dans la propriété foncière privée et dans la propriété publique, c'est-à-dire les biens domaniaux. De par les principes qui régissent la matière des servitudes prédiales, on serait alors obligé d'admettre que le rapport qui unit le fonds dominant et les personnes qui jouissent de la servitude ne peut être seulement le lien général qui naît de l'habitation sur le territoire et qui, au fond, ne constitue qu'une qualité, un *status* des personnes, mais bien un rapport dans lequel la chose figure comme objet de droit, d'un droit réel. Mais ce raisonnement serait suspect parce que cette façon de concevoir les servitudes d'usage public comme prédiales, pour être la plus commode et la plus simple, n'en est pas pour cela la plus logique; et la doctrine moderne la repousse à bon droit[1].

5. — Enfin, il ne me semble pas que l'on puisse déduire l'existence d'un droit sur le territoire du droit, à première vue analogue, à l'*intégrité territoriale*. Ce droit fut justement qualifié de *politique* et soumis à la compétence des tribunaux ordinaires (art. 2, loi du 20 mars 1865) par un arrêt célèbre de la Cour de cassation de Rome[2]. Il

---

1. Voir pour tout ceci Ranelletti, *Domanio pubblico*, II, extrait de la *Giurisprud, italiana*, vol. L, Turin, 1898, n. 64, pp. 154-155.

2. 6 sept. 1877, *Foro ital.*, 1877, I, 1890, et, dans ce sens, l'arrêt du Conseil d'État, 12 juin 1896, *Giust. amm.*, 1896, I, 185; dans le même sens, Saredo, *La nuova legge*, etc., III, nos 2059-60; Romano, *Comune*,

pourrait aujourd'hui, tout en conservant, ce qui ne paraît pas douteux, sa qualité de droit, trouver une protection plus utile dans le recours contentieux en annulation, c'est-à-dire le recours *di legittimità*, devant la IVe Section du Conseil d'État (art. 22 de la nouvelle loi du 17 août 1907 sur le Conseil d'État) pour ce qui est des rapports entre la commune et l'État [1], et dans le recours devant la Ve Section, qui connaît du fond de l'affaire (art. 23, n° 4, loi citée), pour ce qui est des rapports entre communes [2].

Les deux cas sont bien distincts. Pour le premier, faisons cette remarque que le droit à l'intégrité du territoire que possède la commune vis-à-vis de l'État ne se fonde pas, comme on l'a dit, sur l'origine *naturelle* de la commune [3], mais tout simplement sur l'article 74 du Statut italien ; et ce droit ne constitue en aucune façon de limite au pouvoir *législatif* de l'État, ce qui, observé à la lumière d'une logique juridique abstraite, ne peut se concevoir [4], bien que cela puisse avoir quelque valeur au point de vue politique et pratique. Au contraire, il peut être envisagé comme une limite au pouvoir que possède le *gouvernement* vis-à-vis des circonscriptions communales.

Il faut remarquer, à ce propos, qu'on a apporté aujourd'hui une dérogation partielle au principe constitutionnel

loc cit.,. n° 117 ; voir dans le sens opposé, mais sans bons arguments, Mantellini, *Lo Stato e il Codice civile*, II, pp. 21 et suiv.

1. Romano, *Comune, loc. cit.*, n. 116.

2. Cf. Vitta, *Giustizia ammin.*, Milan, 1903, pp. 160-161. — Il est à peine nécessaire d'ajouter que cette juridiction spéciale est rigoureusement limitée aux controverses sur les respectives frontières *territoriales* entre communes. Cf. Cass., Rome, 21 mai 1904 ; *Foro ital.*, 1904, I, 651.

3. Voir, par exemple, Sailer, *Il comune e il suo territorio*, Venise, 1886, chap. 1.

4. Cf. Jellinek, *System der subjectiven oeffentlichen Rechte*, Fribourg, 1892, p. 279.

de l'article 74 (qui dit : « la circonscription des communes...
est réglée par la loi ») par les articles 113 à 116 de la loi
en vigueur sur les communes et les provinces, loi qui
attribue au gouvernement le pouvoir de modifier par
décret les circonscriptions communales en des cas détermi-
nés par le concours de certaines circonstances. Or, ce pouvoir, remarquons-le, ne peut être considéré comme une
« délégation législative ». Cette opinion, qui se rencontre
dans notre doctrine et dans notre jurisprudence, trouve
peut-être une explication dans ce fait que l'attribution de
ce pouvoir a été faite pour la première fois de façon provi-
soire, limitée à une période de cinq ans (loi communale du
20 mars 1865, art. 250); ensuite, elle fut successivement
renouvelée trois fois, de 1870 à 1885, et chaque fois pour
une période de cinq ans. Mais il ne me semble toujours
pas qu'il s'agisse de délégation, surtout maintenant que
ce pouvoir est attribué de façon permanente au gouvernement; et ceci par la raison que cette activité-là n'a pas
les caractères *matériels* de la loi, puisqu'elle se borne à
des mesures concrètes prises pour chaque cas. — D'autre
part, on ne peut douter qu'il n'y ait eu une dérogation
effectuée à l'article 74 du Statut, et que cette faculté ne
soit passée du pouvoir législatif au pouvoir exécutif. Il
ne sert à rien non plus de subtiliser au sujet de l'expression « réglée par la loi » qui se trouve dans cet article
pour en conclure, comme le fait par exemple Mazzoccolo,
que « lorsque la loi confie ce pouvoir au gouvernement et
lui prescrit les formes suivant lesquelles il l'exercera, les
modifications des circonscriptions *restent toujours réglées
par la loi, et le gouvernement, quand il les accomplit,
ne fait qu'exécuter la loi*[1] ».

1. Mazzoccolo, *La nuova legge*, etc., 4ᵉ édition, p. 274. L'honorable

Si l'argument de Mazzoccolo était juste, on pourrait en dire autant pour toute activité administrative qui ne fût pas discrétionnaire, et chacun voit les conséquences qui dériveraient de ce principe. Du reste, pour démontrer que l'article 74 doit être entendu dans ce sens que fixer l'étendue des circonscriptions est dans les attributions législatives, il y a, en outre des raisons historiques (c'est-à-dire le désir d'établir tout de suite l'autonomie communale sur des bases solides), l'interprétation constante dont nous avons déjà parlé, suivant laquelle le transport de cette fonction au pouvoir exécutif, effectué par la loi, a été considéré comme une délégation. On n'eût pas abouti à cette conception si l'on eût pensé que la tâche attribuée au pouvoir législatif par l'article 74 du Statut fût acquittée par l'émanation des règles légales (art. 250 déjà cité et lois successives) qui attribuaient au pouvoir exécutif de statuer sur les circonscriptions communales.

Or, étant donné que, suivant la législation en vigueur, le pouvoir exécutif possède dans certains cas, et par le concours de certaines circonstances, le pouvoir de modifier la circonscription communale, il est évident que les communes n'auront vis-à-vis de l'Etat-Administration un droit à l'intégrité de leur territoire qu'autant que les pouvoirs de l'Etat *ne seront pas discrétionnaires* en cette matière. De toutes façons, il est indéniable que dans un certain nombre de cas ce droit subsiste vis-à-vis de l'Etat; mais — et c'est ce qui nous importe — peut-on voir là les éléments d'un droit de la commune *sur* le territoire? L'hésitation à ce sujet se justifie par ce fait que la constatation d'une situation analogue dans les rapports de l'Etat et du

Finali, au Sénat, émit la même affirmation (séance du 26 nov. 1888, p. 2608 et suiv.); Saredo (cit. III, n⁰ 2047) le rapporte sans se prononcer personnellement, V. aussi Romano, *Comune*, n. 100.

territoire national constitue, semble-t-il, sinon le seul du
moins un des éléments constitutifs du droit réel que possède l'Etat sur son propre territoire [1]. Mais ici autre est la
question et autre nécessairement doit être la solution ;
car dans les rapports entre Etat et commune l'intégrité du
territoire communal ne pourrait être violée par l'Etat sous
le prétexte d'y exercer des droits de suprématie *au même
titre* que les exerce la commune ; en d'autres termes, dans
cette hypothétique violation, la commune ne trouverait pas
en face une autre personne morale autonome de même
rang, mais bien l'Etat lui-même titulaire d'un pouvoir supé-
rieur. Cette situation ne peut pas du tout nous donner
l'élément *négatif* du droit réel.

Venons-en à l'autre cas dont nous avons déjà dit un
mot : le droit de recours (art. 23, n° 4, loi sur le Conseil
d'Etat) qui garantit à la commune l'intégrité de son propre
territoire *vis-à-vis des autres communes:* y a-t-il là un élément suffisant pour en tirer la conséquence qu'il existe
un droit de la commune *sur* son propre territoire?

Ici se trouve reproduite la situation du territoire national dans ses rapports avec l'Etat, mais seulement de façon
partielle. En effet, il y a bien, sans aucun doute, l'élément
négatif, je veux dire l'impossibilité pour tout autre pouvoir
égal de s'exercer sur le même objet, puisque une même
commune qui prétendrait exercer ses propres droits de
suprématie sur le territoire d'une autre prétendrait agir *au
même titre* que cette autre ; et la diminution de pouvoir
de la seconde ne pourrait que correspondre à un accrois-
sement de pouvoir chez la première. Mais là s'arrête toute
l'analogie de ce cas avec celui du territoire national, parce
que, comme nous l'avons déjà fait observer, tout pouvoir

---

1. Cf. Forti, cit. §§ V et VI.

de disposer de son propre territoire manque à la commune ;
et, par suite, d'un seul élément négatif, il n'est pas possible de conclure à l'existence d'un droit réel de la commune
sur son propre territoire[1].

On peut donc dire aussi que toute affirmation contraire
est fondée sur une notion peu précise de ce rapport. C'est
ainsi que ne me semble pas exact ce qu'a écrit Bluntschli[2] :
« A la souveraineté territoriale de l'Etat sur tout le territoire politique correspond en un sens plus restreint dans la
sphère plus limitée de la vie communale le territoire de la
commune, c'est-à-dire le pouvoir qu'a la commune *sur* le
territoire, *sur* le district communal. Il ne faut certes pas le
confondre pour cela avec la propriété foncière ; c'est, au contraire, une institution de droit public, mais qui embrasse
les personnes *et les biens* qui sont sur ce district. » Cela
ne peut être vrai que dans un sens qui, malgré la comparaison malheureuse avec la propriété foncière, paraît à travers
ces paroles : je veux dire dans ce sens qu'au pouvoir
qu'exerce l'Etat *dans* le territoire correspond un pouvoir
analogue de la commune *dans* son propre territoire.

De même ce qu'à ce sujet écrit Majorana ne me semble
pas acceptable[3]. « En général, le système fiscal foncier
« implique l'exercice des pouvoirs de la commune *sur son*
« *territoire* plutôt que sur ses habitants. Alors ce terri-
« toire joue non seulement le rôle de circonscription dans
« l'étendue de laquelle s'exercent les pouvoirs de la per-
« sonne morale, *mais encore celui spécial d'objet de ces*
« *pouvoirs eux-mêmes*. Au contraire, en ce qui concerne
« l'impôt mobilier et pour les différentes taxes communales

---

1. Cf. aussi Jellinek, *Allgemeine Staatslehre,* Berlin, 1900, p. 359,
note 2.
2. *Diritto pubblico universale,* tr. Trono, Napoli, 1875, II, p. 425.
3. *La nozione di comunista,* in *Archiv. giur.,* LXX, p. 142.

« *di consumo, di famiglia*, etc., le territoire a le rôle
« de circonscription, fixant les limites assignées dans l'es-
« pace aux pouvoir communaux. » Ceci ne peut avoir
qu'une signification exacte, celle qui indique une indiscu-
table différence entre les deux catégories d'impôts communaux, mais ne vaut sûrement rien pour démontrer l'existence d'un droit de la commune *sur le territoire*. Car, non
seulement il semble assez douteux que l'imposition de la
contribution foncière puisse dériver (sinon de façon indi-
recte par application d'un principe *commun à toutes les
contributions*) un *droit* du sujet actif de l'impôt *sur la
chose frappée* par l'impôt même, mais il faut noter aussi
que la *chose* qui est considérée dans le rapport de droit
fiscal n'est pas précisément *le territoire* comme tel, c'est-
à-dire en sa qualité d'*universitas* (qui, pour ne parler que
de ceux-là, comprend aussi les biens domaniaux) et par
l'effet de sa fonction juridique spéciale, mais bien *une
partie* de ce territoire, un fonds en tant qu'il est objet de
propriété de la part d'un membre de l'association communale. Comme on le voit, tout cela suffit à empêcher qu'il
s'agisse ici du *territoire* au sens propre; et l'on pourrait
faire d'autres observations analogues à propos de ce que
le même auteur affirme plus loin (p. 154) que « du point
de vue du droit civil, le droit de la personne publique...
sur le territoire apparaît comme une limitation des droits
réels des particuliers sur ce territoire même ».

Il faut donc retenir de ceci que le territoire communal
n'est jamais envisagé comme objet de droit de la part de
commune[1], mais, à la différence de celui de l'Etat, qu'il

---

1. La première et la plus importante conséquence pratique de ce principe est que les institutions juridiques qui, en droit civil, se rapportent
aux droits réels, comme la prescription, la protection de la posses-
sion, etc., ne sont pas applicables aux rapports entre la commune et son

joue vis-à-vis de la personne morale seulement un rôle de *limite*. Il sert à délimiter dans l'espace la sphère où peut se développer l'activité de la commune.

6. — Mais bien que réduite à ces proportions, la fonction du territoire est telle que l'existence d'un territoire est la *condition nécessaire* de l'existence d'une commune. Cela dérive de la nature territoriale de la personne juridique et, de façon plus ou moins explicite, est reconnu par les auteurs. Donc, *il ne peut exister de commune sans territoire*. Une société privée de ce caractère pourra constituer une personne de droit public, mais jamais une commune.

Et vraiment, si l'on devait s'arrêter aux expressions que l'on rencontre çà et là dans notre pratique administrative, on pourrait être tenté de croire qu'au moins *en fait* le contraire est peut-être bien arrivé; car on parle souvent de « commune sans territoire ». Mais, en réalité, on ne doit voir en tout ceci que l'effet d'une grave imprécision de langage; en effet, notre pratique, dans les cas dont nous parlons, entend par « territoire » le territoire rural, c'est-à-dire cette zone périphérique qui d'habitude se trouve entre le noyau central des habitations et les frontières de la commune. Ainsi, pour ne citer qu'un exemple, un avis du Conseil d'Etat[1] appelle « privée de territoire » la ville de Rionero « avec une population de 11,520 habitants agglomérés », et l'appelle ainsi seulement parce qu'elle

territoire (Cf. Conseil d'État, 24 janv. 1896, *Giust. Amm.*, 1896, I, p. 26). Et cela, non parce qu'il s'agit ici, comme l'a dit le Conseil d'État (*loc. cit.*), d'institutions propres au droit privé; car cela ne suffirait pas à en empêcher, *a priori*, l'applicabilité au droit public (cf. *retro*, v. p. 5, note 2), mais pour la raison plus décisive qu'il n'existe pas dans notre cas un rapport quelconque où la chose figure comme objet; d'où il faut encore, à plus forte raison, écarter toute analogie avec les droits réels.

1. Conseil d'Etat, 25 nov. 1881, *in* Astengo, *Guida Amministrativa*, p. 250.

est « entourée de tous côtés par le territoire d'Atella » !

On peut dire, il est vrai, qu'en matière de terminologie tout est affaire de convention; mais en attribuant aux expressions techniques un sens conventionnel, il faut tenir compte des raisons étymologiques et du long usage, — qui sont ici absolument contraires [1], — surtout quand l'on court le risque de causer une grave confusion d'idées.

On pourrait reprocher la même inexactitude à un récent arrêt de la IVᵉ Section du Conseil d'Etat[2] qui qualifie la commune de « Marguerite-de-Savoie » de *commune sans territoire*. Or, au contraire, ainsi sont les choses : le noyau d'habitations dont se compose la commune de Marguerite-de-Savoie est bâti sur un terrain qui originairement faisait partie du domaine royal. L'attribution de ce territoire à la communauté qui alla croissant et s'agrandissant sur ce territoire (et qui devint, en 1860, une commune tout comme les autres) résulte de deux rescrits royaux des Bourbons (1855 et 1856). Elle fut contestée ensuite par l'Administration domaniale; mais la contestation eut une solution favorable à la commune : sentence du tribunal de Lucera, 24 juillet 1879 (inédite à notre connaissance). Depuis, la commune de Marguerite-de-Savoie a exercé effectivement et pacifiquement ses propres fonctions sur cette zone territoriale en tout ce qui concerne la propriété publique (rues), les droits fiscaux (octroi, impôt par foyer, taxes d'exercice et de revente, taxes sur les chiens, voitures, impôt sur les habitations) et, en général, toutes les manifestations d'activité de la personne communale[3]. Il n'y a pas à douter,

---

. Cf. Mantellini, cit. II, pp. 13-20.

2. 14 fév. 1904, Finances contre commune de Marg.-de-Savoie. *La Legge*, 1904, col. 1743.

3. Je dois ces renseignements à l'obligeance de M. le professeur Salandra et de l'honorable maire de Marguerite-de-Savoie.

donc, que cette commune n'ait un véritable territoire à elle qui indique la limite de sa juridiction[1].

Ce qu'il y a de remarquable dans la situation territoriale de la commune de Marguerite-de-Savoie est le fait que ses bornes sont marquées par la zone des habitations, et qu'il y a une zone contiguë de territoire — des salines — qui devrait être attribuée à cette commune, mais est comprise dans la circonscription de la commune de Trinitapoli, éloignée de 7 kilomètres.

Donc, la circonscription de la commune de Marguerite-de-Savoie ne s'étend pas au delà du groupe des habitations. Ce qui, comme on le voit, ne signifie pas *défaut de territoire*, mais seulement défaut de territoire *rural*, deux choses profondément différentes, car alors que le premier est juridiquement et pratiquement impossible, le second, au contraire, n'a en lui-même rien d'anormal.

7. — L'objet de la contestation dans l'affaire de la commune de Marguerite-de-Savoie était en réalité celui-ci : la commune exerçait, par long usage, quelques-unes des fonctions communales sur la zone de territoire occupée par les salines et appartenant, comme nous l'avons vu, à

---

1. On peut ajouter cette preuve : que les habitations de la commune de Marguerite-de-Savoie sont inscrites au cadastre de la commune. Ceci ne constitue qu'un argument subsidiaire et non le *titre* de l'attribution du territoire à la commune, puisque c'est le cadastre qui doit suivre la circonscription communale et non vice-versa. Cf. le texte unique sur la conservation des cadastres, 4 juillet 1897, n° 276, et spécialement l'art. 25 : « Les changements qui adviennent dans la circonscription des communes donnent lieu à des variations en augmentation ou diminution dans les cadastres respectifs des territoires ruraux ou bâtis. » On pourrait dire, en d'autres termes, que les indications des cadastres ont, au sujet de l'attribution du territoire à la commune, une force probante de beaucoup d'analogie avec celles qu'ont dans le droit italien les *elenchi* (tables) des biens domaniaux. Cf. Ranelletti, *Della formazione e cessazione della domanialità*, extrait de *Giur. ital.*, vol. LI, n. 9, p. 15.

une autre circonscription communale, et l'on discutait de
la légitimité de cet exercice.

Ce qui est contesté ici n'est donc pas l'*existence* d'un
territoire, mais bien sa fonction de *limite*, et si l'on me
permet ce jeu de mot, la limite de cette fonction; de ce
dernier point de vue, il faut considérer rapidement le territoire communal.

La fonction de limite consiste normalement à marquer
d'une part que la commune peut (et même, à certains
égards, *doit*) déployer son activité seulement entre les bornes de son territoire [1], et, d'autre part, que dans ces limites
on n'admette pas l'exercice d'activités analogues de la part
d'autres personnes communales.

Mais la rigidité du principe n'a pas été toujours observée
dans la pratique; ainsi nous trouvons des cas où une commune exerce sur le territoire ou sur une partie du territoire d'une autre commune le service de la *conscription* ou
de l'*état civil* [2], ou celui de l'*instruction primaire* ou de l'*en-
sevelissement des cadavres* [3]. Semblable est le cas que vise
l'arrêt dont nous avons parlé plus haut qui contestait au
maire de Marguerite-de-Savoie le pouvoir d'exercer les fonctions de police sanitaire sur les salines contiguës appartenant
au territoire d'une autre commune. Il faut noter que de tels
cas sont unanimement considérés par notre jurisprudence
comme *anormaux*. Quelquefois, les raisons politiques qui
ont causé l'anomalie ne sont pas considérées comme suffi-
santes pour qu'on puisse la maintenir et lui donner une

1. C'est ainsi que l'art. 114 de la loi en vigueur sur les communes et
les provinces est applicable quand une commune est obligée d'établir
une partie de ses services (ex. : station de voie ferrée, gazomètre, cime-
tière hors de son propre territoire (Mazzoccolo, cit. p. 278; Brondi,
Teoria, cit. p. 57).

2. Cf. Conseil d'État, 15 nov. 1875; *Man. degli Amm.*, XV, 153.

3. Cf. Conseil d'État, 14 juin 1901; *Giust. Amm.*, 1901, I, 494.

base régulière, et on suggère à l'autorité administrative de faire cesser, par les moyens dont elle dispose, un tel état de choses irrégulières[1]. D'autres fois, au contraire, c'est le cas pour la commune de Marguerite-de-Savoie, il se trouve — et avec raison — que les raisons pratiques, la nature des lieux et le long usage rendent légitimes l'exercice d'une activité communale sur le territoire d'une autre commune. Mais dans aucun des cas dont nous parlons, remarquons-le, l'anomalie n'est considérée comme *une impossibilité juridique* inconciliable avec l'organisation territoriale de l'*imperium* communal.

Or, il est clair qu'un semblable raisonnement ne peut se répéter à plaisir dans *tous* les cas possibles d'anomalie pareille qui se puissent imaginer ; cela conduirait à des conséquences dont l'absurdité est trop évidente. Il doit donc exister une limite au delà de laquelle l'exercice du pouvoir communal sur le territoire d'une autre commune constitue une impossibilité juridique. Quelle est cette limite ?

L'examen des rares cas anormaux que nous avons signalés peut nous mettre sur la voie. En effet, ces cas présentent — avec plus ou moins de clarté — ce caractère : l'activité exceptionnellement exercée par la commune hors de son propre territoire n'est pas attachée de façon indissoluble au lien qui résulte de la participation à l'association communale ; de sorte que cet exercice exceptionnel n'est pas contradictoire ou même n'est pas juridiquement inconcevable dans une autre circonscription territoriale. C'est assez clair dans les quatre premiers cas, en ce sens que pour ces services (dont au moins les deux premiers — conscription et état civil — n'ont pas une véritable nature *locale*, et les autres deux sont l'instruction primaire et l'en-

1. Cf. Conseil d'État, 15 nov. 1875, cit.

sevelissement des cadavres) le rapport qui s'établit à leur
sujet entre la personne publique et l'individu n'est pas
indissolublement lié à la qualité d'habitant de la commune,
c'est-à-dire ne la *présuppose* pas de façon absolue.

Et c'est assez clair aussi dans le cas de la commune de
Marguerite-de-Savoie, où il s'agissait de fonctions de police
sanitaire attribuées au maire; celle-ci aussi est une activité
qui n'intéresse pas l'individu, *en tant que membre de la
commune*, tant il est vrai que, dans ces cas, le maire agit
comme officier du gouvernement (v. art. 1 loi sanitaire
1ᵉʳ août 1907, art. 150 nᵒ 3 loi sur les communes et provinces). De sorte que, lorsqu'il arrive à cette activité de
s'exercer hors du territoire, dans la sphère de juridiction
attribuée à une autre commune, il n'y a pas, par ce seul
fait, une *négation juridique* de la qualité de membres de
la commune qui s'appartient aux individus résidants sur
cette zone du territoire. Cela, bien entendu, à raison que
sur cette zone ne s'exerce pas en même temps la même activité de la part de la commune qui en aurait la compétence territoriale, autrement nous sortirions de l'hypothèse
envisagée, car le côté *négatif* nous est aussi nécessaire ici,
c'est-à-dire le défaut d'exercice de la part de la commune
ayant la compétence territoriale pour que puisse s'établir,
comme l'a décidé la quatrième Section, cet usage qui rend
légitime cette activité extra-territoriale. Dans le cas contraire, il y aurait, non plus une anomalie, mais une véritable impossibilité juridique, dans la coexistence de deux
juridictions communales sur le même territoire.

Or, la limite au delà de laquelle ces anomalies ne sont
pas juridiquement possibles se trouve justement dans ces
cas où le rapport entre la commune et l'individu relève
directement du lien d'« appartenance » à l'association
communale, c'est-à-dire *présuppose* nécessairement ce lien;

car, dans ce cas, toute pratique contraire, toute activité exercée sans l'intervention de ces conditions indispensables devient la *négation juridique* de l'organisation communale. Ceci est bien mis en évidence en matière financière. Ainsi serait radicalement contraire à notre organisation positive — et aucun long usage ne saurait le légitimer — la pratique par laquelle une commune établirait un impôt foncier sur des fonds situés hors du territoire, ou bien imposerait une taxe personnelle à quelqu'un appartenant, par sa résidence, à une autre association communale. Ici, comme on le voit, il y a quelque chose qui, non seulement déroge au principe territorial sur lequel est constituée la commune, mais encore est inconciliable avec ce principe, car il se rapporte à la raison d'être même de l'organisation locale. En effet, dans notre droit positif, les deux notions de contribuable et d'habitant de la commune sont dans un rapport de mutuelle indépendance, en ce sens que l'on ne peut dire que l'une constitue normalement un *prius* logique de l'autre[1]. Et c'est la base même de l'institution de la commune qui dans ces hypothèses est en question et menacée de bouleversement, puisque l'élément économique financier, c'est-à-dire l'existence d'un système fiscal propre, destiné à satisfaire aux besoins locaux, est précisément la caractéristique, le principe constitutif de l'autonomie locale[2] et la limite *politique* de la décentralisation[3].

1. Voyez Majorana, cit., p. 153.
2. Voyez Ferraris, cit. p. 103.
3. Voyez Presutti, *Sulla teoria del decentramento*, dans la *Giur. ital.*, 1899, pp. 25-27, de l'*Extrait.*
Scienza dell' amministrazione, Milan, 1903, n° 101. — Du principe ainsi posé — que certaines fonctions de la commune sont nécessairement fondées sur le lien d'appartenance territoriale — peuvent encore dériver des conséquences pratiques importantes. Ainsi, dans certaines limites, on peut dire que lorsque sont contestées les bornes de deux com-

Pour conclure dans ces cas et dans les cas semblables, où l'activité de la commune est toujours *directement* liée à l' « appartenance » de l'individu à l'association communale et la présuppose, il faut retenir qu'il est juridiquement impossible que la personne morale exerce cette activité hors de son propre territoire [1].

munes, « l'exercice du droit de lever des impôts sur un territoire déter-
« miné, confirmé par des jugements, et la perception effective sur ce
« territoire démontrée par le cadastre constituent la meilleure preuve
« et la plus décisive que puisse donner une commune de l'extension et
« des limites de son territoire juridictionnel. » (IVᵉ section, 24 janv.
1896, cit.) Sur les limites de la force probante du cadastre à ce sujet,
cf. *retro*, p. 25, note.

1. La question vient d'être agitée encore une fois à propos de la commune de Vérone, qui avait établi, hors de son propre territoire, une station de désinfection. — V. Conseil d'État, 3 mai 1907 et ma note dans
Foro ital., 1907, III, 177; voir aussi Deganello, *I limiti della circos-
crizione territoriale*, etc., dans *La Legge*, 1908, p, 81 et suiv.

Toulouse, Imp. DOULADOURE-PRIVAT, rue St-Rome, 39. — 6349